Sa

PARIS:
FRENCH TRAVEL PHRASE BOOK
for
ENGLISH SPEAKERS

The best phrases for English speaking travelers in Paris.

© 2015 by Sarah Retter
© 2015 by UNITEXTO
All rights reserved

Published by UNITEXTO

PARIS: FRENCH TRAVEL PHRASE BOOK for ENGLISH SPEAKERS

Table of Contents

Bank
Bus travel
Car accidents
Children
Consulate
Discomfort
Hairdresser
Luggage
Passport
Phone
Restaurant
Theatre
Visa

Bar
Business meetings
Car rental
Cinema
Customs
Embassy
Health
Metro travel
Personal accidents
Plane and airport
Supermarket
Time and date
Weather

Boutique
Café
Car travel
Communication
Directions
Gas station
Hotel
Money
Personal information
Professions
Taxi
Train travel

1. Bank
Banque

1.1.

I want to make a withdrawal

Je veux faire un retrait

1.2.

Could you give me some smaller notes?

Pourriez-vous me donner quelques billets plus petits?

1.3.

I'd like to pay this in ..., please

Je voudrais payer cela en ... , s'il vous plaît

1.4.

How many days will it take for the check to clear?

Combien de jours faut-il pour encaisser un chèque?

1.5.

Can the passport serve as an ID?

Le passeport peut-il servir de pièce d'identité?

1.6.

Here's my ID card

Voici ma carte d'identité

PARIS: FRENCH TRAVEL PHRASE BOOK for ENGLISH SPEAKERS

1.7.
I'd like to transfer some money to this account
Je tiens à transférer l'argent sur ce compte

1.8.
Could you transfer ... from my current account to my deposit account?
Pouvez-vous transférer... à partir de mon compte courant sur mon compte de dépôt?

1.9.
I'd like to open an account
Je voudrais ouvrir un compte

1.10.
I'd like to open a personal account
Je voudrais ouvrir un compte personnel

1.11.
Can I open a business account?
Puis-je ouvrir un compte d'affaires ?

1.12.
Could you tell me my balance, please?
Pourriez-vous me donner mon solde, s'il vous plaît?

1.13.
Could I have a statement, please?
Pourrais-je avoir un relevé de compte, s'il vous plaît?

1.14.

I'd like to change some money

Je voudrais changer de l'argent

1.15.

I'd like to order some foreign currency

Je voudrais commander des devises étrangères

1.16.

What's the exchange rate for euros?

Quel est le taux de change des euros?

1.17.

I'd like to exchange euros to dollars

Je voudrais changer des euros en dollars

1.18.

Could I order a new checkbook, please?

Pourrais-je commander un nouveau chéquier, s'il vous plaît?

1.19.

I'd like to cancel a check

Je voudrais annuler un chèque

1.20.

I'd like to cancel this standing order

Je voudrais annuler ce virement permanent

1.21.

Where's the nearest cash machine?

Où est le distributeur de billets le plus proche?

1.22.

What's the interest rate on this account?

Quel est le taux d'intérêt sur ce compte?

1.23.

What's the current interest rate for personal loans?

Quel est le taux d'intérêt des prêts personnels?

1.24.

I've lost my bank card

J'ai perdu ma carte bancaire

1.25.

I want to report a lost card

Je veux signaler la perte de ma carte

1.26.

I think my card has been stolen

Je pense que ma carte a été volée

1.27.

We've got a joint account

Nous avons un compte joint

1.28.

I'd like to tell you about a change of address

Je voudrais vous signaler un changement d'adresse

1.29.

I've forgotten my Internet banking password

Je l'ai oublié mon mot de passe de services bancaires par Internet

1.30.

I've forgotten the PIN number for my card

J'ai oublié le numéro de code de ma carte

1.31.

I'll have a new one sent out to you

Je vais vous en envoyer un nouveau

1.32.

Could I make an appointment to see the manager?

Puis-je avoir un rendez-vous avec le directeur?

1.33.

I'd like to speak to someone about a mortgage

Je voudrais parler à quelqu'un à propos d'un prêt hypothécaire

2. Bar

Bar

2.1.

Bring me a beer

Apportez-moi une bière

2.2.

Two beers, please

Deux bières , s'il vous plaît

2.3.

Three shots of tequila, please

Trois verres de tequila , s'il vous plaît

2.4.

I would like a glass of wine

Je voudrais un verre de vin

2.5.

I'll have the same, please

Je voudrais la même chose s'il vous plaît

2.6.

Nothing for me, thank you

Rien pour moi , je vous remercie

2.7.

I'll pay for everyone

Je vais payer pour tout le monde

2.8.

Another round, please

Un autre tour, s'il vous plaît

2.9.

Are you still serving drinks?

Êtes-vous toujours servant des boissons?

Servez-vous encore des boissons?

2.10.

Do you have any snacks?

Avez-vous un snack?

2.11.

Do you have any sandwiches?

Avez-vous des sandwiches?

2.12.

Do you serve food?

Servez-vous de la nourriture?

2.13.

What time does the kitchen close?

A quelle heure ferme la cuisine?

2.14.

Are you still serving food?

Servez-vous encore de la nourriture?

2.15.

What sort of sandwiches do you have?

Quelle sorte de sandwichs avez-vous?

2.16.

Do you have any hot food?

Avez-vous des aliments chauds?

2.17.

Could we see a menu, please?

Pourrions-nous voir un menu , s'il vous plaît?

2.18.

Can I smoke inside?

Puis-je fumer à l'intérieur?

2.19.

Do you mind if I smoke?

Ça vous dérange si je fume?

2.20.

Would you like a cigarette?

Voulez-vous une cigarette?

2.21.

Have you got a light?

Avez-vous du feu?

3. Boutique
Shopping

3.1.

Could I try this on?

Pourrais-je essayer ceci?

3.2.

Could I try these shoes on?

Pourrais-je essayer ces chaussures?

3.3.

I need the size ...

J'ai besoin de la taille...

3.4.

Do you have these shoes in size ... ?

Avez-vous des chaussures de taille ...?

3.5.

Do you have the trousers in size ...?

Avez-vous le pantalon à la taille ...?

3.6.

Do you have a fitting room?

Avez-vous une cabine d'essayage?

3.7.

Where's the fitting room?

Où est la cabine d'essayage?

3.8.

Have you got this in a smaller size?

Avez-vous cela dans une taille plus petite?

3.9.

Have you got this in a larger size?

Avez-vous cela dans une plus grande taille?

3.10.

Does this fit me??

Est-ce que ça me va bien?

3.11.

The shirt is too big, I don't like it

La chemise est trop grande, je ne l'aime pas

3.12.

The pants are too small, I can't fit in them

Les pantalons sont trop petits. Je n'y rentre pas

3.13.

I need some high heels, can you help me?

Il me faut des talons hauts. Pouvez-vous m'aider?

3.14.

Do you have this sweater in another color?

Avez-vous ce pull dans une autre couleur?

3.15.

What material is this made of?

C'est en quelle matière?

3.16.

Can I wash this skirt at home?

Puis-je laver cette jupe à la maison?

3.17.

Does this suit require dry-cleaning?

Est-ce que ce costume exige un nettoyage à sec?

3.18.

Can I use the fitting room?

Puis-je utiliser la cabine d'essayage?

4. Bus travel
Voyage en bus

4.1.

Where can I buy tickets?

Où puis-je acheter des billets?

4.2.

I need one child return ticket

J'ai besoin d'un billet aller-retour enfant

4.3.

Where's the ticket office?

Où puis-je prendre les billets?

4.4.

What time's the next bus to ...?

A quelle heure est le prochain bus à ...?

4.5.

Can I buy a ticket on the bus? **à**

Puis-je acheter un billet dans le bus?

4.6.

I'd like a ticket to ..., coming back on Sunday

Je voudrais un billet pour ..., avec retour pour dimanche

4.7.

Where do I change for ...?

Ou dois-je changer pour...?

4.8.

Can I have a timetable, please?

Puis_je avoir un horaire, s'il vous plait?

4.9.

How often do the buses run to ...?

Combien y a-t-il de bus pour...?

4.10.

The bus is running late
Le bus est en retard

4.11.

The bus has been cancelled
Le bus a été annulé

4.12.

Does this bus stop at ...?
Est-ce que ce bus s'arrête à ...?

4.13.

Could you tell me when we get to ...?
Pourriez-vous me dire quand nous arrivons à ...?

4.14.

Is this seat taken?
Est-ce que cette place est occupée?

4.15.

Do you mind if I sit here?
Ca vous dérange si je m'assoie içi?

4.16.

I've lost my ticket. What should I do?
J'ai perdu mon billet. Que dois-je faire?

4.17.

What time do we arrive in ...?
A quelle heure arrivons-nous à ...?

4.18.

What's this stop?

Quel est cet arrêt?

4.19.

What's the next stop?

Quel est le prochain arrêt?

4.20.

This is my stop. Can you let me get off?

Ceci est mon arrêt. Pouvez-vous me laisser descendre?

4.21.

I'm getting off here. Could you please move a bit?

Je descends içi. Pourriez-vous me laisser passer s'il vous plaît?

4.22.

How many stops is it to ...?

Combien d'arrêts reste t-il pour ..?

4.23.

How much is the ticket to ...?

Combien coûte le billet pour...?

4.24.

Where is the bus station, please?

Où est la station de bus, s'il vous plaît?

PARIS: FRENCH TRAVEL PHRASE BOOK for ENGLISH SPEAKERS

4.25.

When does the bus leave for...?
Quand part le bus pour ...?

4.26.

How many stops before...?
Combien d'arrêts avant...?

5. Business meetings
Les réunions d'affaires

5.1.

I would like to schedule a meeting with you
Je voudrais programmer une réunion avec vous

5.2.

Are you available next week?
Êtes-vous disponible la semaine prochaine?

5.3.

Can I reschedule our meeting?
Puis-je reporter notre rencontre?

5.4.

I'll call you in the morning to confirm the time
Je vous appellerai dans la matinée pour confirmer l'heure

5.5.

When should we arrive?

Quand devons-nous arriver?

5.6.

Where's the event going to happen?

Où a lieu l'évènement qui va se passer?

5.7.

Are there going to be some presentations?

Va-t-il y avoir des présentations?

5.8.

Who is presenting tonight?

Qui est présent ce soir?

5.9.

What's this girl's name?

Quel est le nom de cette jeune fille?

5.10.

Can you please introduce us?

Pouvez-vous nous présenter s'il vous plaît?

5.11.

Who is the guy in the corner?

Qui est le gars dans le coin?

5.12.

Do you know the man in the gray suit?

Connaissez-vous l'homme en costume gris?

5.13.

What's your last name?

Quel est votre nom de famille?

5.14.

Can I get your business card?

Puis-je obtenir votre carte de visite?

5.15.

Could you write down your number, please?

Pourriez-vous écrire votre numéro, s'il vous plaît?

5.16.

Can we talk about the job now?

Pouvons-nous parler du travail maintenant?

5.17.

I would like to see your boss

Je voudrais voir votre patron

5.18.

Can I speak to your mentor?

Puis-je parler à votre mentor?

5.19.

This is my associate, Mr. ...

Voicimon associé, M. .....

5.20.

I hope your secretary gave you my message

J'espère que votre secrétaire vous a donné le message

5.21.

Should we get out of the office and go for a lunch?

Pouvons-nous quitter le bureau et aller déjeuner?

5.22.

What do you think about my proposal?
Que pensez-vous de ma proposition?

5.23.

I would like to know your opinion
Je voudrais connaître votre opinion

5.24.

I wanted to ask you for an advice
Je voulais vous demander un conseil

5.25.

I want to talk about investing in my company
Je veux vous parler d'investir dans mon entreprise

6. Cafe
Café

6.1.

Can I get a coffee?
Puis-je prendre un café?

6.2.

I'll have a coffee, please
Je vais prendre un café, s'il vous plaît

6.3.

An orange juice for me, please
Un jus d'orange pour moi, s'il vous plaît

6.4.

Bring me a tea
Apportez-moi un thé

6.5.

Do you have frappes?
Avez-vous du café frappé?

6.6.

Double espresso with cream, please
Double espresso à la crème, s'il vous plaît

6.7.

Can I have a macchiato?
Puis-je avoir un macchiato?

6.8.

Just a glass of water for me
Juste un verre d'eau pour moi

6.9.

I'll have a hot chocolate
Je vais prendre un chocolat chaud

6.10.

Do you have any fresh juice?
Avez-vous des jus de fruits frais?

6.11.

Have you got lemonade?
Avez-vous de la limonade?

6.12.

I've already ordered
J'ai déjà commmandé

6.13.

How much do I owe you?
Combien je vous dois?

6.14.

Keep the change!
Gardez la monnaie!

6.15.

Do you have internet access here?
Avez-vous accès à Internet ici?

6.16.

Do you have wireless internet here?
Avez-vous l'Internet sans fil ici?

6.17.

What's the wi-fi password?
Quel est le mot de passe Wi-Fi?

6.18.

Can you move my drink, I'll sit outside
Pouvez-vous apporter mon verre à l'extérieur?

PARIS: FRENCH TRAVEL PHRASE BOOK for ENGLISH SPEAKERS

6.19.

Where is the restroom?
Où sont les toilettes?

6.20.

Do you serve alcoholic drinks?
Servez-vous des boissons alcoolisées?

6.21.

What kind of tea do you have?
Quel type de thé avez-vous?

7. Car accidents
Les accidents de voiture

7.1.

Can you call the police?
Pouvez-vous appeler la police?

7.2.

I have a flat tire, can you call help?
J'ai un pneu à plat. Pouvez-vous appeler de l'aide?

7.3.

I'm out of gas, is there any gas station near?
Je suis en panne d'essence. Y a-t-il une station d'essence à proximité?

7.4.

My breaks aren't working, what should I do?

Mes freins ne marchent plus. Que dois-je faire?

7.5.

There was a major collision, what happened?

Il y a eu un gros accident, que va-t-il se passer?

7.6.

I'm hurt, can you call the ambulance?

Je suis blessé, pouvez-vous appeler l'ambulance?

7.7.

Is doctor on his way?

Y a-t-il un médecin dans le coin?

7.8.

Did you see the car coming?

Avez-vous vu venir la voiture?

7.9.

Where is the nearest hospital?

Où est l'hôpital le plus proche?

7.10.

Is the ambulance coming?

Est ce que l'ambulance arrive?

7.11.

Do you have a first aid kit?

Avez-vous une trousse de premiers soins?

7.12.

Am I getting a ticket?

Est-ce que je dois attendre un billet?

7.13.

Did you have a car accident?

Avez-vous eu un accident de voiture?

7.14.

Is this the truck that hit you?

Est-ce le camion qui vous a heurté?

7.15.

Here's my ID

Voici mon identité

7.16.

Do you need my license?

Avez-vous besoin de mon permis?

7.17.

I've witnessed the accident

Je suis témoin de l'accident

7.18.

Where's the nearest car repair shop?

Ou est le garage le plus proche?

7.19.

Do you have spare parts for…?

Avez-vous des pièces de rechange pour …?

7.20.

Can you help me pull my car?

Pouvez-vous m'aider à tirer la voiture?

7.21.

Can I leave the car here?

Puis-je laisser la voiture ici?

7.22.

What's wrong with my car?

Quel est le problème avec ma voiture?

7.23.

How much is it going to cost?

Combien cela va coûter?

7.24.

I got hit by another car, can an insurance cover the cost?

J'ai été heurté par une autre voiture, est ce que l'assurance couvrira le coût?

7.25.

It wasn't my fault at all

Ce n'était pas du tout de ma faute

7.26.

I was on the main road and he came from the side street

J'étais sur la route principale et il est venu de la rue à côté

8. Car rental
Location de voiture

8.1.

I would like to rent a car

Je voudrais louer une voiture

8.2.

Do you have any cars available?

Avez-vous des voitures disponibles?

8.3.

I have a reservation under the name ...

J'ai une réservation sous le nom de ...

8.4.

I have a reservation for a small car

J'ai une réservation pour une petite voiture

8.5.

I'll need it for a week

Je vais en avoir besoin pour une semaine

8.6.

Can I get a car for the next month?

Puis-je avoir une voiture pour le mois prochain?

8.7.

Do I need to leave you any documents?

Dois-je vous laisser tous les documents?

8.8.

How much does the renting cost?

Quel est le coût de la location?

8.9.

What's the price per kilometer?
Quel est le prix par kilomètre?

8.10.

Is it manual or automatic?
Est-elle manuelle ou automatique?

8.11.

Does it take petrol or diesel?
Est-elle essence ou diesel?

8.12.

Can you show me the controls?
Pouvez-vous me montrer les contrôles?

8.13.

Does this car have central locking?
Est-ce que cette voiture possède un verrouillage central?

8.14.

Does it have child locks?
A-t-elle un verrouillage enfant?

8.15.

Here's my driving license
Voici mon permis de conduire

8.16.

When do I need to return it?
Quand dois-je la rendre?

8.17.

Do I have to return it with the full tank?

Dois-je la rendre avec un réservoir plein?

8.18.

Can you show me how to open the boot?

Pouvez-vous me montrer comment ouvrir le coffre?

8.19.

Where do I turn on the lights?

Où puis-je allumer les lumières?

8.20.

Where are the windscreen wipers?

Où sont les essuie-glaces?

8.21.

Can I get insurance?

Puis-je obtenir une assurance?

8.22.

Does the car have insurance?

Est-ce que la voiture a une assurance?

8.23.

Does the car have all the necessary accessories?

Est-ce que la voiture possède tous les accessoires nécessaires?

8.24.

How much do you charge if I'm an hour late?

Combien facturez-vous si j'ai une heure de retard?

8.25.

What are your business hours?

Quelles sont vos heures de bureau?

8.26.

Do you work on Sunday?

Travaillez-vous le dimanche?

9. Car travel

Voyage en voiture

9.1.

I'm driving. Can you call me back?

Je conduis. Pouvez-vous me rappeler?

9.2.

Can you slow down a bit?

Pouvez-vous ralentir un peu?

9.3.

Can you stop here for a moment?

Pouvez-vous arrêter ici pour un moment?

9.4.

Can we take a break here?

Pouvons-nous prendre une pause ici?

9.5.

Are we going to arrive by the evening?

Allons-nous arriver dans la soirée?

9.6.

When should we arrive?
Quand devons-nous arriver?

9.7.

Do you know directions to ... ?
Connaissez-vous la direction vers...?

9.8.

Can you show me the way to ... ?
Pouvez-vous me montrer le chemin vers...?

9.9.

How do I get to the ... ?
Comment puis-je aller à...?

9.10.

Is there an alternative road?
Y a-t-il une autre route?

9.11.

Is there a detour or should I enter the city?
Y a-t-il un détour ou devrais-je entrer dans la ville?

9.12.

How can I avoid the traffic jam?
Comment puis-je éviter l'embouteillage?

9.13.

Are we going towards the highway?
Allons-nous vers l'autoroute?

9.14.

Is this the right road?
Est-ce la bonne route?

9.15.

Where are you going to park?
Où allez-vous vous garer?

9.16.

Is this a public parking?
Est-ce un parking public?

9.17.

There's an empty parking lot
Il y a un parking vide

9.18.

How do I pay for the parking?
Comment dois-je payer pour le stationnement?

9.19.

Can I go left here?
Puis-je aller à gauche ici?

9.20.

Am I allowed to go right here?
Suis-je autorisé à aller à droite ici?

9.21.

Are we going left or right now?

Allons-nous gauche ou à droite maintenant?

9.22.

I don't know where to go on the next intersection

Je ne sais pas où aller à la prochaine intersection

9.23.

What's the speed limit here?

Quelle est la limite de vitesse ici?

9.24.

What does this sign mean?

Qu'est-ce que ce signe signifie?

9.25.

Should I go over the bridge?

Dois-je aller sur le pont?

9.26.

What is the shortest way to get to the…?

Quel est le chemin le plus court pour se rendre à la …?

9.27.

How many kilometers to…?

Combien de kilomètres pour aller à …?

9.28.

Is this the way for...?

Est-ce le chemin pour...?

9.29.

Where does this road go?

Où mène cette route?

9.30.

What is the maximum speed allowed?

Quelle est la vitesse maximale autorisée?

10. Children
Les enfants

10.1.

Do children need visa?

Les enfants ont-ils besoin d'un visa?

10.2.

What's the children policy?

Quel est le règlement pour les enfants?

10.3.

Do children get a discount?

Les enfants ont-ils une réduction?

10.4.

Do children need a separate seat?

Les enfants ont-ils besoin d'un siège séparé?

10.5.

Can I get an extra bed for a child?

Puis-je obtenir un lit supplémentaire pour un enfant?

10.6.

Do I need to pay the full price to get a children's seat?

Dois-je payer le plein tarif pour avoir un siège pour les enfants?

10.7.

Is there a toy store nearby?

Y a-t-il un magasin de jouets à proximité?

10.8.

Where can I buy gifts for my children?

Où puis-je acheter des cadeaux pour mes enfants?

10.9.

My son is 2; does he need a ticket?

Mon fils a deux ans. A-t-il besoin d'un billet?

10.10.

Is there room for pram?

Y a-t-il de la place pour un landau?

10.11.

What do I need to sign so my child can travel without me?

Où dois-je signer pour que mon enfant puisse voyager sans moi?

10.12.

Here's my baby's passport

Voici le passeport de mon bébé

10.13.

How long is the child's passport valid?

Quelle est la date de validité du passeport de l'enfant?

10.14.

Do you offer any daycare service at the hotel?

Offrez-vous un service de garderie à l'hôtel?

10.15.

Are there any activities for children?

Y a-t-il des activités pour les enfants?

10.16.

Where can I take my children today?

Où puis-je emmener mes enfants aujourd'hui?

10.17.

I need a babysitter for few hours

J'ai besoin d'une baby-sitter pour quelques heures

10.18.

Are children allowed in a restaurant?

Les enfants sont-ils admis dans un restaurant?

10.19.

Are children allowed at the event?

Les enfants sont -ils admis à l'événement?

10.20.

Does the TV in our room have cartoons?

Est-ce que la télé dans notre chambre a des dessins animés?

11. Cinema
Cinéma

11.1.

I'd like to see a movie, is there a cinema near us?

Je voudrais voir un film, y a-t-il un cinéma près de chez nous?

11.2.

What's on at the cinema?

Quel est le programme du cinéma?

11.3.

Is there anything good on at the cinema?

Y a-t-il quelque chose de bien au cinéma?

11.4.

What's this film about?

De quoi parle ce film?

11.5.

Shall we get some popcorn?

Allons-nous avoir du pop-corn?

11.6.

Do you want salted or sweet popcorn?

Voulez-vous pop-corn salé ou sucré?

11.7.

Do you want to drink something?

Voulez-vous boire quelque chose?

11.8.

Where shall we sit?

Où allons-nous nous asseoir?

11.9.

I would like to sit near the back, if possible

Je tiens à m'asseoir à l'arrière, si possible

11.10.

I prefer to be near the front, if there are available seats

Je préfère être à l'avant, s'il y a des places libres

12. Communication

Comunication

12.1.

Do you understand me?

Me comprenez-vous?

12.2.

Do you speak English?

Parlez-vous anglais?

12.3.

Do you speak French?

Parlez-vous français?

12.4.

Do you speak Spanish?

Parlez-vous espagnol?

12.5.

Do you speak German?

Parlez vous allemand?

12.6.

Can you repeat that?

Pouvez-vous répéter?

12.7.

How do you say ... in English?

Comment dites-vous en anglais?

12.8.

What did she say?

Qu'est ce qu'elle a dit?

12.9.
What does it mean?
Qu'est-ce que ça veut dire?

12.10.
Can you please translate that?
Pouvez-vous s'il vous plaît traduire cela?

12.11.
How do you spell it?
Comment ca s'écrit?

12.12.
Can you please write that down?
Pouvez-vous s'il vous plaît écrire cela?

12.13.
I need to write it down. Can you please repeat?
Je dois l'écrire. Pouvez-vous répéter s'il vous plaît?

12.14.
Would you write your address here?
Pouvez-vous écrire votre adresse içi?

12.15.
Can you write your phone number here?
Pouvez-vous écrire votre numéro de téléphone ici?

12.16.
Can I hear your email address letter by letter?

Puis-je avoir votre adresse e-mail, lettre après lettre?

12.17.

Can you send it to my email?

Pouvez-vous me l'envoyer par email?

12.18.

Can you call him on the phone?

Pouvez-vous l'appeler sur le téléphone?

13. Consulate
Consulat

13.1.

Where is the ... consulate?

Où est le consulat??

13.2.

What's the number to call the consulate?

Quel est le numéro pour appeler le consulat?

13.3.

How do I get to the ... consulate?

Comment puis-je aller au consulat de ...?

13.4.

Can you show me the directions to the ... consulate?

Pouvez-vous me montrer la direction pour aller au consulat de ...?

41

13.5.

Do you know the consulate address?

Connaissez-vous l'adresse du consulat?

13.6.

How can I reach the consulate?

Comment puis-je aller au consulat?

13.7.

I need to speak with someone from the consulate

Je dois parler avec quelqu'un du consulat

13.8.

Can I reach the consulate in case of emergency?

Puis-je aller au consulat en cas d'urgence?

13.9.

Where's the ... consulate located?

Où est le consulat de ... situé?

14. Customs

Douanes

14.1.

Do you need me to open my bag?

Avez-vous besoin de moi pour ouvrir mon sac?

14.2.

I have nothing to declare

Je n'ai rien à déclarer

14.3.

I have some goods to declare

J'ai certaines choses à déclarer

14.4.

Do I have to pay duty on these items?

Dois-je payer des droits sur ces articles?

14.5.

This is from a duty-free shop

Ceci vient d'une boutique duty-free

14.6.

Are you going to go through my luggage?

Allez-vous regarder mes bagages?

14.7.

Is this a subject to custom duty?

Faut-il payer des droits de douane pour cet objet?

14.8.

I have all the necessary papers for this item

J'ai tous les papiers nécessaires pour cet article

14.9.

Is this an exemption from customs duty?

Est-ce une exemption de droits de douane?

14.10.

I have golden jewelry to declare

J'ai des bijoux en or à déclarer

14.11.

These are gifts for my wife and children
Ce sont des cadeaux pour ma femme et mes enfants

14.12.

Am I allowed to bring ... ?
Suis-je autorisé à apporter ...?

14.13.

I don't have any foreign currency
Je n'ai pas de devises étrangères

14.14.

Where is the customs clearance?
Où est l'attestation de dédouanement?

14.15.

I have the license for importing
J'ai la licence pour l'exportation

14.16.

I paid the customs. Here's my certificate
J'ai payé les droits de douane. Voici mon certificat

15. Directions
Itinéraire

15.1.

Can you show me how to get to the ... ?

Pouvez-vous me montrer comment se rendre à ...?

15.2.

What's the closest route to the ... ?

Quelle est la route la plus proche pour...?

15.3.

I'm headed to the ... Can you help me?

Je vais à ... Pouvez-vous m'aider?

15.4.

How to get to the ... ?

Comment se rendre à ...?

15.5.

I'm lost. Can you help me?

Je me suis perdu. Pouvez-vous m'aider?

15.6.

I don't know which road to take. Can you help?

Je ne sais pas quel chemin prendre. Pouvez-vous aider?

15.7.

There's no sign. Where should I go?

Il n'y a aucune signalisation. Où dois-je aller?

15.8.

I don't see any road sign, should I turn left or right?

Je ne vois aucune signalisation, dois-je tourner à gauche ou à droite?

15.9.

Do you have GPS?

Avez-vous un GPS?

15.10.

What does the GPS say?

Que dit le GPS?

15.11.

Can you turn on the GPS?

Pouvez-vous allumer le GPS?

15.12.

The GPS directions aren't good, we should ask someone

Les directions GPS ne sont pas bonnes, nous devrions demander à quelqu'un

15.13.

Do you know how can we get to ... ?

Savez-vous comment nous pouvons arriver à ...?

15.14.

I'm looking for a street named ...

Je cherche une rue nommée .....

15.15.

Where's the number ... in this street?

Où est le numéro ... dans cette rue?

15.16.

I need to be at the café ... in 10 minutes, where is it?

Je dois être au café ... dans 10 minutes, où est-il?

15.17.

Is this a one-way street?

Est-ce une voie à sens unique?

15.18.

Will I arrive faster by car or by walking?

Vais-je arriver plus rapidement en voiture ou en marchant?

15.19.

Is there a traffic jam downtown?

Y a-t-il des embouteillages dans le centre?

16. Discomfort
Malaise

16.1.

Can I get another seat?

Puis-je avoir un autre siège?

16.2.

Can I change the departure time?

Puis-je changer l'heure de départ

16.3.

Can I open the window?

Puis-je ouvrir la fenêtre?

16.4.

Can you turn up the heating?

Pouvez-vous allumer le chauffage?

16.5.

Can I use the restroom?

Puis-je utiliser les toilettes?

16.6.

Can I use the shower?

Puis-je utiliser la douche?

16.7.

Can you move me to the other department?

Pouvez-vous me passer l'autre département?

16.8.

This is not what I've ordered

Ce n'est pas ce que j'ai commandé

16.9.

This isn't fresh

Ceci est pas frais

16.10.

Can I speak to your manager?

Puis_je parler au responsable?

16.11.

Can we sit in a non-smoking area?

Pouvons-nous nous asseoir dans une zone non-fumeur?

16.12.

Can you please put off the cigarette?

Pouvez-vous s'il vous plait éteindre votre cigarette?

16.13.

It's too cold in here

Il fait trop froid ici

16.14.

I can't see anything from here

Je ne vois rien d'ici

16.15.

Can you move a little bit so I can pass?

Pouvez-vous vous déplacer un peu pour que je puisse passer?

16.16.

Can I cut in front of you? I only have one item

Puis-je passer devant vous? Je n'ai qu'un seul article

16.17.

We've been here for 20 minutes. Can we order?

Nous sommes ici depuis 20 minutes. Pouvons-nous commander?

16.18.

The bathroom is out of order. Is there another one?

La salle de bain est hors service. Y en a-t-il une autre?

16.19.

Excuse me, I don't feel very well

Excusez-moi, je ne me sens pas très bien

16.20.

I'll have to go now

Je dois y aller maintenant

16.21.

I'm tired, I have to go to sleep

Je suis fatigué, je dois aller dormir

16.22.

I have an early meeting tomorrow, I have to leave you now

J'ai une réunion demain matin, je dois vous quitter maintenant

16.23.

I have to go back to get my jacket

Je dois revenir pour prendre ma veste

16.24.

Do you have an extra jacket I could borrow?

Avez-vous une veste que je pourrai emprunter?

16.25.

It's raining outside; do you have a dryer?

Il pleut dehors. Avez-vous un sèche linge?

16.26.

Can I get a clean glass? This one has some stains

Puis-je avoir un verre propre? Celui-ci a des taches

17. Embassy

Ambassade

17.1.

Where is the ... embassy?

Où est l'ambassade de ...?

17.2.

Do you have the embassy's number?

Avez-vous le numéro de l'ambassade?

17.3.

How do I get to the ... embassy?

Comment puis-je aller à l'ambassade de ...?

17.4.

Can you show me the directions to the ... embassy?

Pouvez-vous me montrer la direction de l'ambassade ...?

17.5.

Do you know the embassy address?

Connaissez-vous l'adresse de l'ambassade?

17.6.

How can I reach the embassy?

Comment puis-je accéder à l'ambassade?

17.7.

 I need to speak with someone from the embassy

Je dois parler avec quelqu'un de l'ambassade

17.8.

Where can I see you regarding my visa status?

Où puis-je m'adresser au sujet de mon visa?

17.9.

Can I reach the embassy in case of emergency?

Puis-je aller à l'ambassade en cas d'urgence?

17.10.

Where's the ... embassy located?

Où est l'ambassade de ... situé ?

18.   Gas station
Station de gaz

PARIS: FRENCH TRAVEL PHRASE BOOK for ENGLISH SPEAKERS

18.1.

Do we need to stop for the gas?

Devons-nous nous arrêter pour le gaz?

18.2.

Is there any gas station near?

Y a-t-il une station de gaz près d'ici?

18.3.

I'm going to be out of fuel soon

Je vais être en panne de carburant bientôt

18.4.

Is oil level okay?

Est ce que le niveau d'huile est bon?

18.5.

Do you have diesel?

Avez-vous du diesel?

18.6.

Do you have a tire pump?

Avez vous une pompe pour les pneus?

18.7.

Do you have a car wash here?

Avez -vous une station de lavage ici?

18.8.

Can I wash my car?

Puis-je laver ma voiture?

53

18.9.

How much does washing cost?
Combien coûte le lavage?

18.10.

How much does a liter of gas cost?
Combien coûte un litre de gaz?

18.11.

Could you check my tires?
Pourriez-vous vérifier mes pneus?

18.12.

Fill it up, please
Faites le plein, s'il vous plaît

18.13.

Should I go inside to pay?
Dois-je aller à l'intérieur pour payer?

18.14.

Is there a parking lot behind?
Y a-t-il un parking derrière?

18.15.

We have just passed the gas station, can we go back?
Nous venons de passer la station d'essence, pouvons-nous revenir en arrière?

19. Hairdresser
Coiffeur

19.1.
I'd like a haircut, please
Je voudrais une coupe de cheveux, s'il vous plaît

19.2.
Do I need a reservation?
Dois-je prendre rendez-vous?

19.3.
Are you able to see me now?
Pouvez-vous me prendre maintenant?

19.4.
Can I make an appointment for tomorrow?
Puis-je prendre rendez-vous pour demain?

19.5.
Can you wash my hair?
Pouvez-vous me laver les cheveux?

19.6.
I'd like some highlights
Je voudrais quelques reflets

19.7.
Can I get a coloring?
Puis-je avoir une coloration?

19.8.
I would like a blow-dry
Je voudrais un brushing

19.9.

Could you trim my beard, please?

Pouvez-vous couper ma barbe, s'il vous plaît?

19.10.

Could you trim my moustache, please?

Pourriez-vous tailler ma moustache, s'il vous plaît?

19.11.

Can you put some wax?

Pouvez-vous mettre un peu de cire?

19.12.

Can I have some gel?

Puis-je avoir un peu de gel?

19.13.

Please don't put any products on my hair

S'il vous plaît ne mettez pas de produits sur mes cheveux

20. Health
Santé

20.1.

I'm sick, can you call a doctor?

Je suis malade, pouvez-vous appeler un médecin?

20.2.

I'm not feeling well, can you help me?

Je ne me sens pas bien, pouvez-vous me aider?

20.3.

I'm nauseated, what should I do?

J'ai la nausée, que dois-je faire?

20.4.

Is there any nurse?

Y a-t-il une infirmière?

20.5.

I need a doctor urgently!

Je besoin d'un médecin de toute urgence!

20.6.

Where's the ER?

Où est le service des urgences?

20.7.

I've got the prescription from the doctor

J'ai l'ordonnance du médecin

20.8.

Can you give me something for headache?

Pouvez-vous me donner quelque chose pour des maux de tête?

20.9.

Can you recommend anything for a cold?

Pouvez-vous recommander quelque chose pour un rhume?

20.10.

Do you have any rash cream?

Avez-vous une crème contre les boutons?

20.11.

I need something for mosquito bites

J'ai besoin de quelque chose pour les piqûres de moustiques

20.12.

Do you have anything to help me stop smoking?

Avez-vous quelque chose pour m'aider à arrêter de fumer?

20.13.

Do you have nicotine patches?

Avez-vous des patchs à la nicotine?

20.14.

Can I buy this without a prescription?

Puis-je acheter ceci sans ordonnance?

20.15.

Does it have any side-effects?

Ce médicament a-t-il des effets secondaires?

20.16.

I'd like to speak to the pharmacist, please

Je voudrais parler au pharmacien, s'il vous plaît

20.17.

Do you have something for sore throat?

Avez-vous quelque chose pour un mal de gorge?

20.18.

Any help for chapped lips?

Avez-vous quelque chose pour les lèvres gercées?

20.19.

I need cough medicine

J'ai besoin d'un médicament contre la toux

20.20.

I feel sick when I travel, what should I do?

Je me sens malade quand je voyage, que dois-je faire?

20.21.

Can I make an appointment to see the dentist?

Puis-je prendre rendez-vous chez le dentiste?

20.22.

One of my fillings has come out, can you do something?

Un de mes plombages est parti, pouvez-vous faire quelque chose?

20.23.

I have a severe toothache, what should I do?

J'ai très mal aux dents, que dois-je faire?

20.24.

I broke a tooth, I need a dentist urgently

Je me suis cassé une dent, je dois voir un dentiste en urgence

20.25.

My kid is not feeling well, where is the nearest ambulance?

Mon enfant ne se sent pas bien, où est l'ambulance la plus proche?

20.26.

I ate something bad, I need a stomach medicine

J'ai mangé quelque chose de mauvais, j'ai besoin d'un médicament pour l'estomac

20.27.

I need an allergy medicine

J'ai besoin d'un médicament contre les allergies

21. Hotel
Hôtel

PARIS: FRENCH TRAVEL PHRASE BOOK for ENGLISH SPEAKERS

21.1.

Where's our hotel reservation?

Où est notre réservation d'hôtel?

21.2.

Where are we going to stay?

Où allons-nous demeurer?

21.3.

Did you reserve the hotel?

Avez-vous réservé l'hôtel?

21.4.

Did you find accommodation?

Avez-vous trouvé un logement?

21.5.

Do you have the hotel address?

Avez-vous l'adresse de l'hôtel?

21.6.

What's the hotel's phone number?

Quel est le numéro de téléphone de l'hôtel?

21.7.

Do you have my reservation?

Avez-vous ma réservation?

21.8.

I've made the reservation under the name ...

J'ai fait la réservation sous le nom de ...

21.9.

My booking was for a single room

Ma réservation était pour une chambre simple

21.10.

My booking was for a double room

Ma réservation était pour une chambre double

21.11.

My booking was for a twin room

Ma réservation était pour une chambre double

21.12.

What is my room number?

Quel est mon numéro de chambre?

21.13.

Which floor is my room on?

A quel étage est ma chambre?

21.14.

Where can I get my keys?

Où puis-je avoir mes clés?

21.15.

Where are the lifts?

Où sont les ascenseurs?

21.16.

Could I have a wake-up call at seven o'clock?

Pouvez-vous me réveiller à 7 heures?

PARIS: FRENCH TRAVEL PHRASE BOOK for ENGLISH SPEAKERS

21.17.

Do you lock the front door at night?

Fermez-vous la porte d'entrée la nuit?

21.18.

What do I do if I come back after midnight?

Que dois-je faire si je reviens après minuit?

21.19.

Can I get my key, please?

Puis-je avoir ma clé, s'il vous plaît?

21.20.

Do you need to know how long we're staying for?

Avez-vous besoin de savoir combien de temps nous allons rester?

21.21.

Could we have an extra bed?

Pourrions-nous avoir un lit d'appoint?

21.22.

Does the room have the air condition?

Est-ce que la chambre a l'air conditionné?

21.23.

When do you serve breakfast?

Quand servez-vous le petit déjeuner?

21.24.

When is the dinner being served?

Quand servez-vous le dîner?

63

21.25.

Is the restaurant open?

Le restaurant est-il ouvert?

21.26.

Can I conduct a meeting somewhere in the hotel?

Puis-je organiser une réunion quelque part dans l'hôtel?

21.27.

Do you have a pool?

Avez-vous une piscine?

21.28.

Can I use the gym?

Puis-je utiliser la salle de gym?

21.29.

Are there any messages for me?

Y a-t-il des messages pour moi?

21.30.

I'm expecting some mail; please send it to my room

J'attends du courrier; s'il vous plaît envoyez-le à ma chambre

21.31.

Can we have separate rooms?

Pouvons-nous avoir des chambres séparées?

21.32.

Does the room have the mini-bar?

Est-ce que la chambre a un mini-bar?

21.33.

Is there a TV in my room?

Y a-t-il une télévision dans ma chambre?

22. Luggage
Bagages

22.1.

Where's my luggage?

Où est mon bagage?

22.2.

My luggage got lost, can you help me?

Mon bagage a été perdu, pouvez-vous m'aider?

22.3.

I don't see my suitcase on the luggage conveyor

Je ne vois pas ma valise sur le convoyeur de bagages

22.4.

Is my bag lost?

Est ce que mon sac est perdu?

22.5.

Can you help me find my luggage?

Pouvez-vous m'aider à trouver mes bagages?

22.6.

Can someone take my luggage?

Quelqu'un peut-il prendre mes bagages?

22.7.

Can the bellboy help me with my luggage?

Le chasseur peut-il m'aider avec mes bagages?

22.8.

I can't carry all my bags, can you help me?

Je ne peux pas porter tous mes sacs, pouvez-vous m'aider?

22.9.

I don't have a lot of luggage, I'll take it myself

Je n'ai pas beaucoup de bagages, je vais les prendre moi-même

22.10.

I only have one bag

J'ai un seul sac

22.11.

Please be careful, it's fragile

S'il vous plaît soyez prudent, c'est fragile

22.12.

I have some fragile gifts in my luggage, don't break them

J'ai quelques cadeaux fragiles dans mes bagages, ne les cassez pas

22.13.

Can you help the lady with her luggage?

Pouvez-vous aider la dame avec ses bagages?

22.14.

Where can I get a luggage cart?

Où puis-je trouver un chariot à bagages?

22.15.

Where can I measure the weight of my luggage?

Où puis-je peser mes bagages?

22.16.

Can I repack here?

Puis-je emballer mes affaires ici?

22.17.

I'm not done packing yet

Je n'ai pas encore terminé mes bagages

22.18.

Did you pack everything?

Avez-vous tout emballé?

22.19.

I've finished packing, I'll wait for you outside

J'ai fini mes bagages, je vais vous attendre dehors

22.20.

Let me help you with your bags

Laissez-moi vous aider avec vos bagages

22.21.

Did you put the bags in the car?

Avez-vous mis les sacs dans la voiture?

22.22.

Help me get the luggage in the trunk

Aidez-moi à mettre les bagages dans le coffre

22.23.

Keep an eye on the bags

Gardez un œil sur les sacs

22.24.

Can you watch my bags for a minute?

Pouvez-vous surveiller mes bagages pendant une minute?

22.25.

I need to use the bathroom. Can I leave my bag here?

J'ai besoin d'aller aux toilettes. Puis-je laisser mon sac ici?

22.26.

Do you want me to watch your bags until you come back?

Voulez-vous que je surveille vos bagages jusqu'à ce que vous reveniez?

23. Metro travel
Transportation en métro

23.1.

Where's the closest metro station?

Où est la station de métro la plus proche?

23.2.

Can I get to ... with metro?

Puis_je aller à... avec le métro?

23.3.

Where can I buy a metro ticket?

Où puis-je acheter un ticket de métro?

23.4.

How many stops are there to ... ?

Combien d'arrêts pour...?

23.5.

Do I need to make connections to go to ... ?

Dois-je changer de ligne pour aller à ...?

23.6.

What's the metro ticket price?

Quel est le prix du ticket de métro?

23.7.

Is there any discount for children?

Ya-t-il un rabais pour les enfants?

23.8.

Can you tell me when should I arrive to ... ?

Pouvez-vous me dire quand je dois arriver à ...?

23.9.

How often does the train go?

Quelle est la fréquence de passage des trains?

23.10.

Should I take the metro or the bus?

Dois-je prendre le métro ou le bus?

23.11.

I need to go to ... . Can metro take me there?

Je dois aller à... Y a-t-il un métro?

23.12.

Do you have a timetable?

Avez-vous une fiche d' horaires?

23.13.

Do you have a map for metro lines?

Avez-vous un plan pour les lignes de métro?

23.14.

Will you tell me when I get to the ...?

Pouvez-vous me dire quand j'arriverai à ...?

24. Money

Argent

24.1.

Have you got the money?

Avez-vous l'argent?

24.2.

I forgot the money, I need to go back

J'ai oublié mon argent, je vais revenir

24.3.

I have the money here

J'ai l'argent sur moi

24.4.

Do we have enough money?

Avons-nous assez d'argent?

24.5.

How much cash do we need?

De combien du liquid avons-nous besoin?

24.6.

Can I pay in cash?

Puis-je payer en argent?

24.7.

Can I pay with credit card?

Puis-je payer par carte de crédit?

24.8.

Where's the closest ATM?

Où est le guichet automatique le plus proche?

24.9.

I need to get some cash for tonight

Je dois avoir du liquide pour ce soir?

24.10.

The bill is covered

La note est payée

24.11.

I'll pay for everything

Je vais payer pour tout

24.12.

Please let me pay the bill

S'il vous plait laissez moi payer la note

24.13.

Can we split the bill?

Peut-on diviser la note?

24.14.

How much do I owe you?

Combien je te dois?

24.15.

Let me get my wallet

Je vais prendre mon portefeuille

24.16.

My wallet is in the car, I'll be right back

Mon porte feuille est dans la voiture, je reviens

24.17.

There are no ATMs here

Il n'y a pas de distributeurs automatiques de billets ici

24.18.

Can you lend me some money until tomorrow?

Pouvez-vous me prêter de l'argent jusqu'à demain?

24.19.

Can I write you a check?

Puis_je vous faire un chèque?

24.20.

Can you accept my Visa card?

Pouvez-vous accepter ma carte Visa?

24.21.

Is there any problem with my card?

Y a-t-il un problème avec ma carte?

24.22.

Can I check my account balance?

Puis-je vérifier le solde de mon compte?

24.23.

I need to get to the bank right now

Je dois aller à la banque tout de suite

24.24.

I have a problem regarding money
J'ai un problème d'argent

24.25.

I'd like to withdraw some money
Je voudrais retirer de l'argent

25.   Passport
Passeport

25.1.

Do you need to check our passports?
Avez-vous besoin de vérifier nos passeports?

25.2.

Is my passport valid?
Mon passeport est-il valide?

25.3.

Where did you put our passports?
Où avez-vous mis nos passeports?

25.4.

I lost my passport. What should I do?
J'ai perdu mon passeport. Que dois-je faire?

25.5.

My passport expired. What should I do?
Mon passeport a expiré. Que dois-je faire?

25.6.

When can I expect my passport to be ready?

Quand mon passeport sera-t-il prêt?

25.7.

Could I see your passport?

Pourrais-je voir votre passeport?

25.8.

My passport is in my pocket, where is yours?

Mon passeport est dans ma poche, où est le vôtre?

25.9.

How long will my passport be valid?

Combien de temps mon passeport sera-t-il valable?

25.10.

Where is the passport control?

Où est le contrôle des passeports?

25.11.

Do I need to go through passport control?

Ai-je besoin de passer par le contrôle des passeports?

25.12.

Do little children need their own passports?

Les petits enfants ont-ils besoin de leurs propres passeports?

25.13.

Make sure you always know where your passport is

Assurez-vous que vous savez toujours où est votre passeport

25.14.

It's the best to keep the passport on hand

C'est mieux de garder son passeport à la main

25.15.

What number should I call if I lose my passport?

Quel numéro dois-je appeler si je perds mon passeport?

25.16.

If I lose my passport, should I go to the embassy?

Si je perds mon passeport, dois-je aller à l'ambassade?

25.17.

We're traveling together; here are our passports

Nous voyageons ensemble; voici nos passeports

25.18.

What happens if my passport expires while I'm abroad?

Que se passe-t-il si mon passeport expire pendant que je suis à l'étranger?

25.19.

I have a question regarding my passport status

J'ai une question concernant le statut de mon passeport

25.20.

Where can I travel with my passport?

Où puis-je voyager avec mon passeport?

25.21.

Is just a passport enough?

Est ce qu'un passeport suffit?

25.22.

Do I need anything else besides passport?

Ais-je besoin d'autre chose que le passeport?

25.23.

Can I get my passport back?

Puis-je avoir mon passeport?

25.24.

Do I need to show my passport on the airport?

Dois-je montrer mon passeport à l'aéroport?

25.25.

Do I need the passport for traveling to ... ?

Ai_je besoin d'un passeport pour aller à... ?

25.26.

Can you help me find my passport? It's here

somewhere
Pouvez-vous m'aider à chercher mon passeport? Il est ici quelque part

26. Personal accidents
Accidents personnels

26.1.
I'm hurt, I need help
Je suis blessé, j'ai besoin d'aide

26.2.
My foot is stuck, can you help me?
Mon pied est coincé, pouvez-vous m'aider?

26.3.
I've hurt my arm
Je me suis fait mal au bras

26.4.
Here's where it hurts
Voici où ça fait mal

26.5.
Call the fire department
Appelez les pompiers

26.6.
The hotel is on fire, hurry up
L'hôtel est en le feu, dépêchez-vous

26.7.

Do you know CPR?

Connaissez_vous la CPR

26.8.

I need a hospital urgently

Je dois aller à l'hôpital en urgence

26.9.

The thief just attacked me, call the police

Un voleur vient de m'attaquer, appelez la police

26.10.

They took all my money and documents

Ils ont pris tout mon argent et mes papiers

26.11.

Please block my credit card, it's been stolen

S'il vous plaît bloquez ma carte de crédit, elle a été volée

26.12.

Where is the police station?

Où est le poste de police?

26.13.

It's an emergency

C'est une urgence

26.14.

Is the fire department on their way?

Les pompiers vont-ils arriver?

PARIS: FRENCH TRAVEL PHRASE BOOK for ENGLISH SPEAKERS

26.15.

I've been robbed, call the police
On m'a volé, appelez la police

26.16.

He's the thief
C'est le voleur

26.17.

He stole my wallet
Il a volé mon portefeuille

27. Personal information
Les renseignements personnels

27.1.

What's your last name?
Quel est votre nom de famille?

27.2.

Can I get your phone number?
Puis-je avoir votre numéro de téléphone?

27.3.

Can I get your business card?
Puis-je avoir votre carte de visite?

27.4.

Here's my card with all the information
Voici ma carte avec toutes les informations

27.5.

What's your email address?

Quelle est votre adresse e-mail?

27.6.

Where are you from?

D'où êtes-vous?

27.7.

Where do you live?

Où habitez-vous?

27.8.

Can I get your address?

Puis-je avoir votre adresse?

27.9.

What's your room number?

Quel est votre numéro de chambre?

27.10.

Are you married?

Êtes-vous marié?

27.11.

Do you have children?

Avez-vous des enfants?

27.12.

Can I call you if I need you?

Puis-je vous appeler si j'ai besoin de vous?

27.13.

Can I count on you to send me that? Here's my

address
Puis-je compter sur vous pour me l'envoyer?
Voici mon adresse

28. Phone
Téléphone

28.1.

Can I call you later?
Puis-je vous appeler plus tard?

28.2.

Here's my phone number
Voici mon numéro de téléphone

28.3.

You can reach me on this number
Vous pouvez me joindre à ce numéro

28.4.

Do you have his phone number?
Avez-vous son numéro de téléphone?

28.5.

Where can I get emergency numbers for the
country I'm going to?
Où puis-je trouver les numéros d'urgence
pour le pays où je vais?

28.6.

What's the number for the police?

Quel est le numéro de la police?

28.7.

What's the number for the ambulance?

Quel est le numéro de l'ambulance?

28.8.

What's the number for the fire department?

Quel est le numéro des pompiers?

28.9.

How can I reach the hotel?

Comment puis-je aller à l'hôtel?

28.10.

Have you written down the hotel's phone number?

Avez-vous écrit le numéro de téléphone de l'hôtel?

28.11.

Is this the number for the airport

Est-ce le numéro de l'aéroport?

28.12.

Hello, can I speak to ... ?

Bonjour, puis-je parler à ...?

28.13.

I need to speak to ... , do I have the right number?

J'ai besoin de parler à ... Est-ce le bon numéro?

28.14.

Can I call you again? The signal is bad

Puis-je vous appeler à nouveau? Le signal est mauvais

28.15.

I'm afraid you have the wrong number

Je crains que vous ayez un mauvais numéro

28.16.

Can I leave a message for ... ?

Puis-je laisser un message pour ...?

28.17.

Can you tell him to call me?

Pouvez-vous lui dire de me téléphoner?

28.18.

Please don't call me after 9pm

S'il vous plaît, ne m'appelez pas après 21 heures

28.19.

You won't be able to reach me during the weekend

Vous ne serez pas en mesure de me joindre pendant le week-end

28.20.

Would you give me your phone number so I can

call you tomorrow?
Voulez-vous me donner votre numéro de téléphone afin que je puisse vous appeler demain?

28.21.

My phone will be unavailable for the next week
Mon téléphone ne sera pas disponible la semaine prochaine

28.22.

Write me an email instead
Envoyez-moi plutôt un email

28.23.

It seems like I've lost your number
Il semble que j'ai perdu votre numéro

28.24.

I couldn't reach you this morning, what's going on?
Je ne pouvais pas vous joindre ce matin, que se passe -t-il ?

28.25.

My battery is going to die, do you have a charger?
Ma batterie est presque vide, avez-vous un chargeur?

28.26.

Can I charge my phone here?
Puis-je charger mon téléphone ici?

29. Plane and airport
Avion et l'aéroport

29.1.

I've got a ticket to ...
J'ai un billet pour ...

29.2.

Where can I check my ticket?
Où puis-je enregistrer mon billet?

29.3.

I only have a carry on
Je n'ai qu'un bagage cabine

29.4.

I have 2 suitcases, can I check them now?
J'ai deux valises, puis-je enregistrer maintenant?

29.5.

What is the maximum luggage weight?
Quel est le poids maximum des bagages?

29.6.

I would like to confirm my flight
Je veux confirmer mon vol

29.7.

Can you confirm my ticket number?

Pouvez-vous confirmer mon numéro de billet?

29.8.

Can I get the window seat?

Puis-je avoir le siège près de la fenêtre?

29.9.

Can I get the aisle seat?

Puis-je avoir le siège près de l'allée?

29.10.

I have a ticket; can I schedule a departure date?

J'ai un billet; Puis-je fixer une date de départ?

29.11.

Can I change my departure date to … ?

Puis-je changer la date de départ à …?

29.12.

I would like to leave on … , if there are available seats

Je voudrais partir le… s'il y a des places

29.13.

Would my bag fit over the seat?

Est ce que mon sac ira sous le siège?

29.14.

Can I have a seat closest to the emergency exit?

Puis-je avoir un siège proche de la sortie de secours?

29.15.

Which gate do I need to go to?

A quelle porte dois-je aller?

29.16.

What is the gate number?

Quel est le numéro de la porte?

29.17.

Can you point me towards the gate?

Pouvez-vous me montrer la direction de la porte?

29.18.

How do I get to the gate?

Comment puis-je arriver à la porte?

29.19.

When should I be at the gate?

Quand dois-je être à la porte?

29.20.

I'm looking for the north terminal.

Je cherche le terminal Nord

29.21.

Where can I claim my luggage?

Où puis-je récupérer mes bagages?

29.22.

Could you please help me with my bags?

Pourriez-vous s'il vous plaît m'aider avec mes bagages?

29.23.

Can you repeat the flight number?

Pouvez-vous répéter le numéro de vol?

29.24.

Here's my passport and boarding card

Voici mon passeport et ma carte d'embarquement

29.25.

Will there be a delay?

Y aura-t-il un retard?

29.26.

How long does the flight take?

Combien de temps dure le vol ?

29.27.

Do you serve food and drinks?

Servez-vous de la nourriture et des boissons?

29.28.

Can I unfasten my seatbelt now?

Puis-je détacher ma ceinture de sécurité maintenant?

30. Professions
Professions

30.1.

I'm a lawyer

Je suis avocat

30.2.

Are you a nurse?

Êtes-vous une infirmière?

30.3.

So, he's an executive?

Donc, c'est un dirigeant?

30.4.

We need an electrician

Nous avons besoin d'un électricien

30.5.

I could use a hairdresser now

Je pourrais utiliser un coiffeur maintenant

30.6.

Are you an engineer, too?

Vous êtes ingénieur, aussi?

30.7.

Do you work as a librarian?

Etes-vous libraire?

30.8.

Is he a famous actor?

Est-il un acteur célèbre?

PARIS: FRENCH TRAVEL PHRASE BOOK for ENGLISH SPEAKERS

30.9.

This tailor is really good

Ce tailleur est vraiment bon

30.10.

I'll take you to the doctor

Je vais vous emmener chez le médecin

30.11.

Do you know some good mechanist?

Connaissez-vous un bon mécanicien?

30.12.

Is there any reliable butcher near?

Y a-t-il un bon boucher près d'ici?

30.13.

I need to see a dentist today

Je dois voir un dentiste aujourd'hui

30.14.

What is your occupation?

Quelle est votre profession?

30.15.

Where do you work?

Où travaillez-vous?

31. Restaurant

31.1.

Do you know any good restaurants?

Connaissez-vous des bons restaurants?

31.2.

Where's the nearest restaurant?

Où est le restaurant le plus proche?

31.3.

Would you join me for lunch?

Souhaitez-vous vous joindre à moi pour le déjeuner?

31.4.

Be my guest for dinner tonight

Soyez mon invité pour le dîner de ce soir

31.5.

Do you have any free tables?

Avez-vous des tables libres?

31.6.

A table for four, please

Une table pour quatre personnes, s'il vous plaît

31.7.

I'd like to make a reservation

Je voudrais faire une réservation

31.8.

I'd like to book a table, please

Je voudrais réserver une table, s'il vous plaît

31.9.

Tonight at ... o'clock

Ce soir à ... heures

PARIS: FRENCH TRAVEL PHRASE BOOK for ENGLISH SPEAKERS

31.10.

Tomorrow at ... o'clock

Demain à ... heures

31.11.

I've got a reservation under the name ...

J'ai une réservation sous le nom de ...

31.12.

Could I see the menu, please?

Pourrais-je voir le menu, s'il vous plaît?

31.13.

Can we get something to drink?

Pouvons-nous avoir quelque chose à boire?

31.14.

Can we order now?

Peut-on commander maintenant?

31.15.

Do you have any specials?

Avez-vous des spécialités?

31.16.

What's the soup of the day?

Quelle est la soupe du jour?

31.17.

What do you recommend?

Que recommandez-vous?

31.18.

What's this dish?

Quel est ce plat?

31.19.

I'm allergic to ...

Je suis allergique aux ..

31.20.

I'm a vegetarian, what do you recommend?

Je suis végétarien, que recommandez-vous?

31.21.

I'd like my stake medium-rare

Je voudrais mon steak à point

31.22.

I prefer the stake to be well done

Je préfère le steak bien cuit

31.23.

We're in a hurry, when can we be served?

Nous sommes pressés, quand pouvons-nous être servis?

31.24.

How long will it take?

Combien de temps ça va prendre?

31.25.

What is your wine selection?

Quelle est votre sélection de vins?

31.26.

Do you have any desserts?

Avez-vous des desserts?

31.27.

Could I see the dessert menu?

Pourrais-je voir le menu des desserts?

31.28.

Can you take this back, it's cold

Pouvez-vous reprendre ceci, c'est froid ?

31.29.

Can I get the new serving, this is too salty

Puis-je avoir une nouvelle assiette, ceci est trop salé

31.30.

This doesn't taste right, can I change my order?

Ceci n'est pas bon, puis-je commander autre chose?

31.31.

We've been waiting a long time, can you help us?

Nous avons attendu longtemps, pouvez-vous nous aider?

31.32.

Is our meal on its way?

Est ce que notre repas va arriver?

31.33.
Will our food be long?
Est-ce que ca va être long?

31.34.
Could we have the bill, please?
Pourrions-nous avoir l'addition s'il vous plaît?

31.35.
Do you take credit cards?
Prenez-vous les cartes de crédit?

31.36.
Can we pay separately?
Pouvons-nous payer séparément?

31.37.
Please bring us another bottle of wine
S'il vous plaît, apportez-nous une autre bouteille de vin

31.38.
Please bring us some more bread
S'il vous plaît, apportez-nous un peu plus de pain

31.39.
Can we have a jug of tap water?
Pouvons-nous avoir une carafe d'eau du robinet?

31.40.

Can I have some water, please?

Puis-je avoir un peu d'eau, s'il vous plaît?

31.41.

What kind of meat is this?

Quel type de viande est-ce?

31.42.

How do you prepare the pork?

Comment préparez-vous la viande de porc?

31.43.

I'm allergic to nuts, please don't put them in

Je suis allergique aux noix, s'il vous plaît n'en mettez pas

31.44.

Sorry, but I suffer from allergy from shellfish

Désolé, mais je souffre d'une allergie aux crustacés

31.45.

Do you have chicken breasts?

Avez-vous du blanc de poulet?

31.46.

Have you got roasted turkey?

Avez-vous du rôti de dinde?

31.47.

I'll have the roast beef, please

Je prendrai le rôti de bœuf, s'il vous plaît

31.48.

What's your pasta selection?

Quel est votre sélection de pâtes?

31.49.

What kind of beans do you serve?

Quel genre de haricots servez-vous?

31.50.

Can I get the salt?

Puis-je avoir le sel?

31.51.

Could you pass the pepper?

Pourriez-vous passer le poivre?

31.52.

Can you bring the olive oil?

Pouvez-vous apporter l'huile d'olive?

31.53.

Can you put vinegar in the salad?

Pouvez-vous mettre du vinaigre dans la salade?

31.54.

Do you have any seafood?

Avez-vous des fruits de mer?

31.55.

I'll have bacon and eggs

Je vais prendre du bacon et des œufs

31.56.

Can I get some sausages?

Puis-je avoir des saucisses?

31.57.

Do you serve fried chicken?

Servez-vous du poulet frit?

31.58.

I'll have baked potatoes with that

Avec ça, je vais prendre des pommes de terres cuites au four

31.59.

Can I order some grilled chicken?

Puis-je commander du poulet grillé?

31.60.

I'll have a piece of chocolate cake

Je vais prendre un morceau de gâteau au chocolat

31.61.

I'll have ice cream for a desert

Je vais prendre la crème glacée pour le dessert

31.62.

Croissant and coffee, please

Croissant et café, s'il vous plaît

31.63.

Two pancakes with honey for me
Deux crêpes avec du miel pour moi

31.64.

Is smoking allowed?
Est-il permis de fumer?

32. Supermarket
Supermarché

32.1.

What times are you open?
A quelle heure êtes-vous ouvert?

32.2.

Are you open on Saturday?
Êtes-vous ouvert le samedi?

32.3.

Do you work on Sunday?
Travaillez-vous le dimanche?

32.4.

What time do you close today?
A quelle heure fermez – vous aujourd'hui?

32.5.

What time do you open tomorrow?
À quelle heure ouvrez-vous demain?

32.6.

How much is this?

Combien ?

32.7.

How much does this cost?

Combien ça coûte?

32.8.

I'll pay in cash

Je vais payer en espèces

32.9.

Do you accept credit cards?

Acceptez-vous les cartes de crédit?

32.10.

Could I have a receipt, please?

Pourrais-je avoir un reçu, s'il vous plaît?

32.11.

Could you tell me where the ... is?

Pourriez-vous me dire où est le ...?

32.12.

Could I have a carrier bag, please?

Pourrais-je avoir un sac, s'il vous plaît?

32.13.

Can you help me pack my groceries?

Pouvez-vous m'aider à ranger mes provisions?

32.14.

Here's my loyalty card

Voici ma carte de fidélité

32.15.

Where can I find milk?

Où puis-je trouver du lait ?

32.16.

What kind of bread should we buy?

Quel pain nous conseillez-vous?

32.17.

Could you tell me where the meat section is?

Pourriez-vous me dire où est le rayon viande?

32.18.

Where can I find the frozen food?

Où puis-je trouver les aliments congelés?

32.19.

I would like some cheese, please

Je voudrais un peu de fromage , s'il vous plait

32.20.

Do you have frozen pizza?

Avez-vous de la pizza congelée?

32.21.

I want to buy some ham

Je veux acheter du jambon

PARIS: FRENCH TRAVEL PHRASE BOOK for ENGLISH SPEAKERS

32.22.
Do you have black olives?
Avez-vous des olives noires?

32.23.
I need some bottled water
J'ai besoin d'une bouteille d'eau

32.24.
We need orange juice
Nous avons besoin de jus d'orange

32.25.
Please show me where's the fruit aisle
S'il vous plaît, où est l'allée des fruits?

32.26.
What vegetables do we need for the salad?
De quels légumes avons-nous besoin pour la salade?

32.27.
Can I get some chicken wings?
Puis-je avoir des ailes de poulet?

33. Taxi
Taxi

33.1.
Do you know where I can get a taxi?
Savez-vous où je peux prendre un taxi?

33.2.

Do you have a taxi number?

Avez-vous un numéro de taxi?

33.3.

I need the taxi. My address is ...

J'ai besoin d'un taxi. Mon adresse est ...

33.4.

Do you have an available vehicle right now?

Avez-vous un véhicule disponible dès maintenant?

33.5.

I'm at the ... street

Je suis rue ...

33.6.

I'll wait in front of the post office on ... street?

Je vais attendre devant le bureau de poste, rue... ?

33.7.

How long will I have to wait?

Combien de temps devrai-je attendre?

33.8.

Can you send a larger vehicle?

Pouvez-vous envoyer un véhicule plus grand?

33.9.

I'd like to go to ...

Je voudrais aller à ...

33.10.

Could you take me to ...?

Pourriez-vous me prendre à ...?

33.11.

I need to be at the airport in 30 minutes

Je dois être à l'aéroport en 30 minutes

33.12.

I have a train in 40 minutes, please hurry

J'ai un train dans 40 minutes, s'il vous plaît dépêchez-vous

33.13.

Try to avoid the jam

Essayez d'éviter les embouteillages

33.14.

Can you put my bags in the trunk?

Pouvez-vous mettre mes sacs dans le coffre?

33.15.

How long will the journey take?

Combien de temps prendra le trajet?

33.16.

Do you mind if I open the window?

Ça vous dérange si j'ouvre la fenêtre?

33.17.

Can you please close the window?

Pouvez-vous s'il vous plaît fermer la fenêtre?

33.18.

Are we almost there?

Sommes-nous presque arrivés?

33.19.

Can you hurry up?

Pouvez-vous vous dépêcher?

33.20.

That's fine, keep the change

Merci, gardez la monnaie

33.21.

Could I have a receipt, please?

Pourrais-je avoir un reçu, s'il vous plaît?

33.22.

Could you pick me up here tonightat ...?

Pourriez-vous me prendre ici ce soir à ...?

33.23.

Could you wait for me here?

Pourriez-vous m'attendre ici?

33.24.

How much do you charge waiting?

Combien facturez-vous l'attente ?

33.25.

Can you stop in front of the pharmacy?

Pouvez-vous vous arrêter en face de la pharmacie?

33.26.

Please take me downtown

S'il vous plaît prenez-moi dans le centre-ville

33.27.

Drive to the theatre

Conduisez moi au théâtre

34. Theatre

Théâtre

34.1.

Is the theatre in this town any good?

Est ce que le théâtre est bien dans cette ville?

34.2.

What's on the repertoire for this week?

Qu'y a-t-il au programme cette semaine?

34.3.

Is there anything on at the theatre this week?

YY a-t-il quelque chose au théâtre cette semaine?

34.4.

Any interesting plays this month?

Y a-t-il une pièce intéressante ce mois-ci?

34.5.

Do you know is there any play tonight?

Savez-vous s'il y a une pièce ce soir?

34.6.

When's does the play start?

Quand la pièce commence-t-elle?

34.7.

Does anyone I might have heard of in the play?

Y a -t-il un acteur célèbre dans la pièce?

34.8.

What type of production is it?

Quel type de production est-ce?

34.9.

What time does the performance start?

À quelle heure commence la représentation?

34.10.

What time does it finish?

A quelle heure finit-elle?

34.11.

Where's the cloakroom?

Où est le vestiaire?

34.12.

Could I have a program, please?

PARIS: FRENCH TRAVEL PHRASE BOOK for ENGLISH SPEAKERS

Pourrais-je avoir un programme, s'il vous plaît?

34.13.

Shall we order some drinks for the interval?

Allons-nous commander des boissons pour l'entracte?

34.14.

We'd better go back to our seats, it's starting

Nous ferions mieux de revenir à nos sièges, ça commence

34.15.

Shall we sit on a balcony?

Pouvons – nous nous asseoir au balcon?

34.16.

Check the tickets for our seat numbers

Vérifiez les billets pour nos numéros de siège

35. Time and date

Heure et date

35.1.

What time is it?

Quelle heure est-il?

35.2.

What date is it today?

Quelle date sommes-nous?

35.3.

I'll be there around three-fifteen
Je serai là autour de 15h30

35.4.

It's half past five, let's meet in an hour
Il est 5h30, rendez-vous dans une heure

35.5.

I'll be there around two o'clock
Je serai là vers deux heures

35.6.

Expect me around quarter to four
Attendez-moi autour de quatre heures moins le quart

35.7.

Please arrive on time
S'il vous plaît arrivez à l'heure

35.8.

When did you meet him?
Quand l'avez-vous rencontré?

35.9.

Should I come back in thirty minutes?
Devrais-je revenir dans trente minutes?

35.10.

Which day is it?
Quel jour sommes-nous?

PARIS: FRENCH TRAVEL PHRASE BOOK for ENGLISH SPEAKERS

35.11.

I've been there for a few months

Je suis là depuis quelques mois

35.12.

Can I see you later this month?

Puis-je te voir plus tard ce mois-ci?

35.13.

I remember you. Were you here last year?

Je me souviens de vous. Vous étiez ici l'année dernière?

35.14.

I won't be available until next month

Je ne vais pas être disponible avant le mois prochain

35.15.

Is it always this crowded on weekends?

Est-ce toujours bondé le week-end?

35.16.

Talk to you tomorrow morning

Je vous parle demain matin.

35.17.

I'll probably be back in a few days

Je serai probablement de retour dans quelques jours

35.18.

I've been waiting for awhole hour

J'ai attendu pendant une heure

35.19.

I met him last Friday

Je l'ai rencontré vendredi dernier

35.20.

When can I expect you?

Quand viendrez-vous?

35.21.

I'll come on Wednesday

Je viendrai le mercredi

35.22.

What are your plans for the winter?

Quels sont vos projets pour l'hiver?

36. Train travel
Voyage en train

36.1.

Can I get a first class single ticket?

Puis-je avoir un billet simple en première classe?

36.2.

Give me two first class return tickets

Donnez-moi deux billets aller-retour en première classe

36.3.

I would like a child single

Je voudrai un billet simple enfant

36.4.

I need one child return

J'ai besoin d'un retour enfant

36.5.

What time's the next train to ...?

A quelle heure le prochain train pour ..?

36.6.

Can I buy a ticket on the train?

Puis-je acheter un billet dans le train?

36.7.

How much is a first class return to ...?

Combien coûte un retour en première classe pour ...?

36.8.

Which platform do I need for ...?

Sur quel quai est le train pour ...?

36.9.

Is this the right platform for ...?

Est-ce le bon quai pour ...?

36.10.

Where can I see the timetable?

Où puis-je consulter les horaires?

36.11.

How often do the trains run to ...?

Combien y a -t- il de trains pour...?

36.12.

I'd like to renew my season ticket, please

Je voudrais renouveler ma carte d'abonnement s'il vous plaît?

36.13.

The train's running late

Le train est en retard

36.14.

The train's been cancelled

Le train a été annulé

36.15.

Does this train stop at ...?

Est-ce que ce train s' arrête à ...?

36.16.

Is there a buffet car on the train?

Y a-t-il une voiture buffet dans le train?

36.17.

Do you mind if I open the window?

Ça vous dérange si j'ouvre la fenêtre?

PARIS: FRENCH TRAVEL PHRASE BOOK for ENGLISH SPEAKERS

36.18.

Does this train terminate here?

Est-ce que le train s'arrête ici?

36.19.

Where should I put my personal belongings?

Où dois-je mettre mes bagages?

36.20.

How many stops is it to ...?

Combien d'arrêts reste t-il jusqu'à ...?

36.21.

How much is the ticket to ...?

Combien coûte le billet pour ...?

36.22.

Is there a reduced fare for children?

Y a-t-il un tarif réduit pour les enfants?

36.23.

Is there a reduced fare for large families?

Y a-t-il un tarif réduit pour les familles nombreuses?

36.24.

Where is the train station?

Où est la gare?

36.25.

Where can we buy tickets?

Où pouvons-nous acheter des billets?

115

36.26.

What time will the train to ... leave?

À quelle heure partira le train pour ...?

36.27.

Where is platform number ...?

Où est le numéro du quai ...?

37. Visa
Visa

37.1.

Do I need a visa to go to...?

Ais-jebesoin d'un visa pour aller à ...?

37.2.

I don't have a visa. Can I still go to...?

Je n' ai pas de visa. Puis-je aller à ...?

37.3.

I need a visa for ... . What should I do?

J'ai besoin d'un visa pour ....Que dois-je faire?

37.4.

When is my visa expiring?

Quand mon visa expire-t-il?

37.5.

Can I stay for a month with this visa?

Puis-je rester pendant un mois avec ce visa?

PARIS: FRENCH TRAVEL PHRASE BOOK for ENGLISH SPEAKERS

37.6.

Which documents do I need to get a visa?

De quels documents ais-je besoin pour avoir un visa?

37.7.

Is my visa ready?

Mon visa est-il prêt?

37.8.

When can I get the visa?

Quand puis-je avoir le visa?

37.9.

I need a tourist visa, what should I do?

J'ai besoin d'un visa de touriste, que dois-je faire?

37.10.

Who should I talk to about visa extension?

A qui dois-je parler pour une prolongation de visa?

37.11.

Do kids need visas?

Les enfants ont-ils besoin de visas?

37.12.

What will happen if our visa expires?

Que se passera-t-il si notre visa expire?

117

37.13.

How long does the tourist visa last?

Combien de temps dure le visa de tourisme?

37.14.

I need a work visa for United States

J'ai besoin d'un visa de travail pour les États-Unis

37.15.

Which countries can I go to without visa?

Quels sont les pays où je peux aller sans visa?

37.16.

When can I expect your call regarding my visa status?

Quand puis-je attendre votre appel concernant mon visa?

37.17.

Is this the paper that confirms that I have visa?

Est-ce le document qui confirme que j'ai un visa?

37.18.

How long does the process of getting visa last?

Combien de temps dure le processus d'obtention de visa?

37.19.

Do I need anything else besides visa?

Ai-je besoin d'autre chose que le visa?

37.20.

Am I going to need a letter of guarantee or just a visa?

Vais-je avoir besoin d'une lettre de garantie ou juste d'un visa?

38. Weather
Météo

38.1.

What's the weather like there?

Comment est le temps là bas?

38.2.

Is it going to rain next week?

Est ce qu'ilva pleuvoir la semaine prochaine?

38.3.

Do you think there will be snow?

Pensez-vous qu'il y aura de la neige?

38.4.

Can I expect sunny vacation?

Puis-je espérer des vacances ensoleillées?

38.5.

I'm going with the car. Is there any fog?

J'y vais avec la voiture. Y a-t-il du brouillard?

38.6.

Will the weather affect my flight?

Est-ce que la météo va affecter mon vol?

38.7.

Are we still going if it starts snowing?

Est-ce que nous y allons toujours s'il commence à neiger?

38.8.

Is there any snow on the mountains?

Y a-t-il de la neige sur les montagnes?

38.9.

Are we going to be able to go skiing?

Allons-nous être en mesure de faire du ski?

38.10.

Is it warm enough for swimming?

Fait-ilassez chaud pour se baigner?

38.11.

Will it still rain tomorrow?

Est ce qu'il pleuvra demain?

38.12.

What's the forecast for ...?

Quelle est la prévision pour ...?

38.13.

Do you think we'll arrive on time with this storm?

Pensez-vous que nous arriverons à l'heure avec cette tempête?

38.14.

Do I need the winter clothes?

Dois-je les vêtements d'hiver? Est ce que j'ai besoin des vêtements d'hiver?

38.15.

Should I pack some warm shoes?

Dois-je emporter des chaussures chaudes?

38.16.

Should I bring the jacket?

Dois-je apporter la veste?

38.17.

Are you expecting bad weather in the next 10 days?

Attendez-vous du mauvais temps dans les 10 prochains jours?

38.18.

It's really cloudy; do you think it will rain tonight? Is

C'est vraiment nuageux; pensez-vous qu'il va pleuvoir ce soir?

PARIS: FRENCH TRAVEL PHRASE BOOK for ENGLISH SPEAKERS

Printed in Great Britain
by Amazon